Les 10 chefs-d'œuvre de l'art préhistorique racontés aux enfants

Textes : Aude Larmet
Illustrations : Jérémy Guignette

Larousse Jeunesse

Sommaire

Introduction

La préhistoire, c'est quoi ?

C'est l'histoire des êtres humains depuis leur apparition, il y a des millions d'années, jusqu'à l'invention de l'écriture, il y a environ 5 000 ans (qui marque alors le début de l'« Histoire », et plus précisément de l'Antiquité).

Comment vivait-on à la préhistoire ?

Les êtres humains étaient des chasseurs-cueilleurs nomades, car, à l'époque, l'agriculture n'était pas encore pratiquée : on trouvait donc les ressources dans la nature en chassant, en pêchant et en cueillant. Les villages et les villes n'existaient pas encore non plus : on habitait dans des tentes ou des abris qui pouvaient facilement être démontés et déplacés au gré des voyages rythmés par les saisons.

Les œuvres qui nous sont parvenues

Ce sont les peintures, sculptures, gravures ainsi que les objets réalisés par nos ancêtres et qui ont réussi à traverser le temps. C'est avec les *Sapiens sapiens*, qui arrivent en Europe il y a 45 000 ans environ, que se généralisent les pratiques artistiques. L'art dit « préhistorique » désigne donc l'art pratiqué par les humains il y a entre 45 000 et 5 000 ans environ.

L'art pariétal

Il désigne l'art pratiqué sur des parois : sur celles des grottes, dans des abris-sous-roche ou sur des rochers extérieurs. Les représentations pariétales peuvent être peintes, sculptées ou gravées. On a retrouvé beaucoup d'art pariétal préhistorique en France, en Espagne et un peu au Portugal et en Italie.

L'art mobilier

Il désigne, lui, l'art réalisé sur des objets mobiles, qui ont donc pu être transportés et déplacés. On a retrouvé des œuvres d'art mobilier préhistorique dans toute l'Europe, et même jusqu'en Sibérie.

LA FRISE DES LIONNES DE LA GROTTE CHAUVET

Il l'a dit

Rien n'indique que Picasso représente un progrès par rapport aux artistes de la grotte Chauvet.

Stephen Jay Gould, paléontologue

Le lion des cavernes

Nom scientifique : *Panthera spelaea*
Période : apparue il y a 700 000 ans, l'espèce disparaît il y a 11000 ans
Poids : 175 kg pour les femelles ; entre 250 et 320 kg pour les mâles
Longueur : 210 cm
Taille au garrot : 1,40 m au maximum
Régime alimentaire : carnivores, les lions des cavernes se nourrissaient de grands mammifères, comme des bisons, des cerfs ou de jeunes mammouths.

Il était une fois...

... Jean-Marie Chauvet, Éliette Brunel et Christian Hillaire, trois amis spéléologues, qui se retrouvaient régulièrement pour explorer les gorges de l'Ardèche. Un jour de décembre 1994, ils se glissent dans un étroit trou à flanc de falaise... et découvrent par hasard la grotte Chauvet ! Ils préviennent les archéologues qui viennent l'expertiser.

Un véritable trésor

La grotte Chauvet est un site unique au monde. Par son ancienneté d'abord : daté d'il y a 36 000 ans, c'est le plus ancien chef-d'œuvre humain connu à ce jour. Par la richesse de ses représentations ensuite : les parois recèlent plus de 1 000 dessins, dont 425 figures animales, parmi lesquelles on trouve des représentations uniques dans l'art pariétal paléolithique (hibou, bœuf musqué, panthère). Par la qualité de la conservation des œuvres, enfin : grâce à un éboulement survenu il y a 21 500 ans, qui a fermé l'entrée de la grotte, celle-ci a pu être remarquablement préservée. Depuis qu'elle a été découverte, la grotte de Chauvet n'a jamais été ouverte au public, afin de continuer à la conserver au mieux.

La frise des lionnes de la grotte Chauvet

Période ?
Il y a au moins 36 000 ans

Où ?
Près de Vallon-Pont-d'Arc, dans les gorges de l'Ardèche

Quelle dimension ?
Une dizaine de félins sur plus de 3 m de long

Quelle technique ?
Dessin au charbon de bois et gravure au silex

Vocabulaire

La personne qui découvre une grotte ornée est appelée « l'inventeur » ou « l'inventrice » de la grotte. La grotte Chauvet porte le nom de Jean-Marie Chauvet, à la suite d'un commun accord entre les trois inventeurs.

Le sais-tu ?

Le bestiaire de Chauvet est un peu surprenant. D'habitude, dans les grottes, ce sont les dessins des trois célèbres grands herbivores de la préhistoire qui dominent : le cheval, le bison et le mammouth. À Chauvet, on trouve de grands et féroces animaux : ours, rhinocéros, hyène, panthère, lion…

À la LOUPE

Décomposition du mouvement

Ici, un seul corps a été dessiné, sur lequel se superposent deux têtes, comme si l'animal était représenté dans deux positions simultanées : à la fois il regarde devant, à la fois il lève la tête. On pense que l'artiste a essayé d'évoquer une impression de mouvement.

Lionne ou lion ?

Aucun de ces félins ne possède de crinière. Alors, lions ou lionnes ? On a découvert que les lions des cavernes n'avaient pas de crinière, contrairement aux lions actuels. Ici, on pense que les artistes ont représenté des mâles et des femelles, que l'on reconnaît grâce à leurs organes sexuels parfois dessinés.

Une scène de chasse

Les félins semblent avancer le long de la paroi. Les cous sont tendus comme s'ils étaient à l'affût. Leurs têtes et leurs regards convergent dans une même direction. Les corps se superposent dans un mouvement qui s'élance vers l'avant. Les archéologues pensent qu'il s'agit d'une représentation d'une scène de chasse. Les scènes narratives sont extrêmement rares dans l'art des cavernes.

Charbon et silex

Sur cette frise, on a relevé quatre techniques différentes. Les lionnes ont été esquissées au charbon de bois. L'extérieur des dessins a été réalisé en grattant avec un silex, accentuant la force des traits noirs. À l'intérieur des figures, la couleur est appliquée en « estompe », comme un dégradé de couleur et de matière grise qui donne une impression de profondeur. Autour des yeux des animaux, une zone d'« épargne » (sans couleur) a été réservée.

À la jumelle !

Pour éviter de faire des dégâts irréversibles sur le sol de la grotte, un chemin en passerelle métallique a été installé très rapidement après la découverte. Les scientifiques qui ont le droit de pénétrer dans la grotte ne peuvent pas s'éloigner de ce parcours et doivent parfois utiliser des jumelles.

Galerie d'art

L'Homme Lion est une statuette découverte en Allemagne, en 1939, dans la grotte de Hohlenstein-Stadel. Sculptée dans de l'ivoire de mammouth, elle représente un corps humain à tête de lion. Réalisée il y a 32000 ans, elle est l'une des sculptures les plus anciennes connues à ce jour.

Comme deux gouttes d'eau

En 2015, une réplique de la grotte Chauvet, nommée Grotte Chauvet 2, a été ouverte au public. Chaque année, le site accueille plusieurs milliers de visiteurs, qui viennent admirer les reconstitutions des peintures.

SCOOP

UNE DATATION INCROYABLE

LE FAON AUX OISEAUX DE LA GROTTE DU MAS-D'AZIL

Il l'a dit

Les débuts de la création artistique ne sont pas les fruits d'une culture ou d'une ethnie particulière mais sont bien ancrés dans la nature même de l'*Homo sapiens*, de tous les *Homo sapiens*.

Jean Clottes, préhistorien

L'isard

Nom scientifique : *Rupicapra pyrenaica*
Période : depuis 2 millions d'années
Poids : 30 kg
Longueur : 1 m
Taille au garrot : 70 à 80 cm
Régime alimentaire : herbivore, l'isard broute des graminées.

Il était une fois...

... un archéologue et collectionneur d'objets d'art nommé Saint-Just Péquart. En 1936, alors qu'il faisait des fouilles dans la grotte du Mas-d'Azil, dans les Pyrénées, il découvre une petite statuette représentant un jeune cervidé sur lequel sont perchés deux oiseaux.

Le faon aux oiseaux

Cette statuette de petite taille est finement sculptée et prouve une grande maîtrise de la part de l'artiste qui l'a réalisée. L'objet a été retrouvé à l'entrée de la grotte du Mas-d'Azil. Cette grotte est un site très riche : on y a retrouvé des peintures ainsi que des centaines d'objets datant de diverses périodes de la préhistoire. Le site a même donné son nom à une période de la préhistoire : l'Azilien.

Incroyable !

Aujourd'hui, on connaît non pas un, mais quatre faons aux oiseaux ! Les archéologues ont retrouvé trois autres faons dans plusieurs grottes des Pyrénées : à Bédeilhac, à Labastide et à Saint-Michel d'Arudy. Certains pensent même qu'il en a existé beaucoup plus.

Le sais-tu ?

Le faon aux oiseaux a été sculpté dans du bois de renne, un matériau très solide : il s'est donc bien conservé. À l'inverse, le manche du propulseur devait être en bois, et a dû disparaître avec le temps.

Le faon aux oiseaux de la grotte du Mas-d'Azil

Période ?
13 000 ans avant le présent

Où ?
Dans les Pyrénées

Quelle dimension ?
32 cm de long

Quelle technique ?
Sculpture sur bois de renne

À la LOUPE

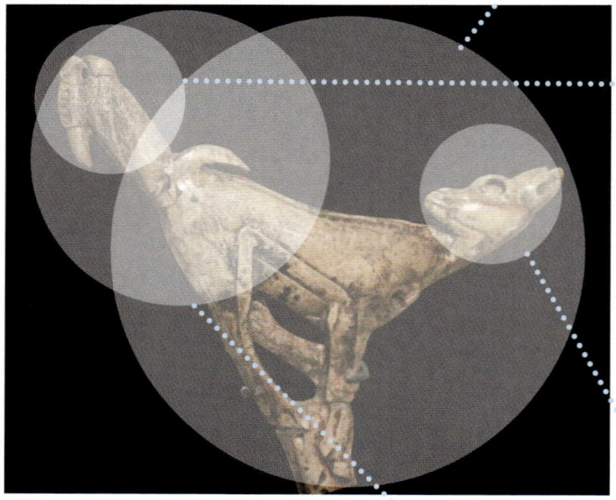

Le faon

Observe bien ce jeune cervidé. Ses pattes arrière sont repliées sous son corps, vers ses pattes avant, comme s'il était assis ou couché sur le flanc. Sa tête est complètement retournée : il semble regarder derrière lui. Sa queue est redressée.

Crochet de propulsion

À l'extrémité du « boudin » qui prolonge le corps du faon, tu peux voir deux petits oiseaux perchés, qui ont l'air de se bécoter. Ces deux oiseaux forment en réalité un « V » qui servait de crochet : plus qu'une œuvre d'art, le faon aux oiseaux était une arme, et plus précisément un propulseur pour lancer des sagaies. Les propulseurs permettaient de démultiplier la vitesse de jet d'une arme, et donc d'en augmenter l'efficacité.

Incrustation

Sur la sculpture, un trou est aménagé à la place de l'œil de l'animal. Sur la sculpture du faon aux oiseaux retrouvée dans la grotte de Bédeilhac, en Ariège, on a découvert une incrustation d'ambre à la place de l'œil. Un vrai travail d'orfèvre !

Mise bas ?

Certains préhistoriens pensent que l'animal représenté est plutôt une jeune biche. La biche serait en train de mettre bas, d'où sa tête complètement retournée, qui est une attitude habituelle chez ces animaux à ce moment-là. De son arrière-train sortirait le placenta (le « boudin » en arrière de sa queue). Les deux oiseaux perchés sur le placenta seraient en train de picorer.

Une rondelle animée

Cette rondelle en os de renne, découverte au XIXe siècle dans l'abri de Laugerie-Basse, est l'ancêtre du cinéma ! Sur une face, un cervidé pattes tendues ; sur l'autre face, le même cervidé pattes repliées. En faisant tourner la rondelle rapidement sur elle-même grâce à une ficelle fixée par le trou du milieu, on voit l'animal se mettre à bouger !

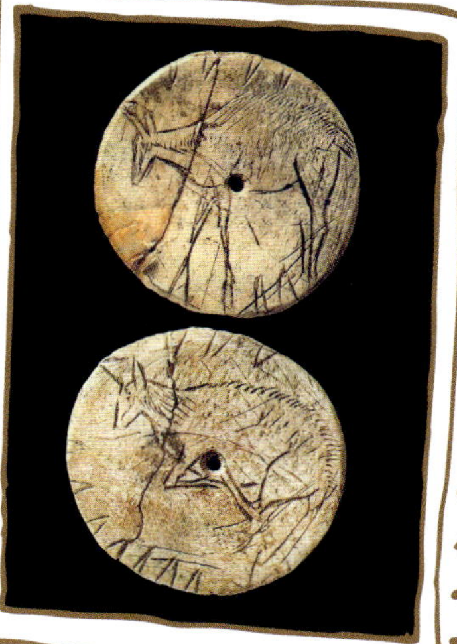

Le sais-tu ?

Tu entendras souvent parler d'art « paléolithique ». Ce mot vient du grec *palaios*, « ancien », et *lithos*, « pierre ». Le Paléolithique est donc l'âge de la pierre ancienne, ou de la pierre taillée. Ce mot s'oppose au mot « néolithique », qui désigne l'âge de la pierre nouvelle, ou de la pierre polie.

Tout est bon dans le renne

Le renne était tellement utilisé par les humains préhistoriques que l'on a parfois parlé d'« âge du renne ». En effet, on utilisait ses bois pour sculpter des armes (des propulseurs, donc), ses os pour tailler des outils (des aiguilles, par exemple), ses tendons en guise de liens, et sa peau pour fabriquer des vêtements.

SCOOP

L'ARCHÉOLOGIE EXPÉRIMENTALE

LES AUROCHS DE LA GROTTE DE LASCAUX

Il l'a dit

Ainsi m'apparaît dans la frise de Lascaux, mère fantastiquement déguisée, la Sagesse aux yeux pleins de larmes.

René Char, poète

L'aurochs

Nom scientifique : *Bos primigenius*
Période : apparu il y a 1,8 million d'années, le dernier aurochs sauvage est mort en Pologne en 1827. Il existe encore quelques aurochs domestiqués.
Poids : 800 kg
Longueur : 240 cm
Taille au garrot : 1,70 m pour les mâles ; 1,50 m pour les femelles
Régime alimentaire : herbivore ruminant, l'aurochs mangeait essentiellement de l'herbe et des graminées.

Il était une fois...

... au mois de septembre 1940, un jeune garçon nommé Marcel Ravidat, qui se promène dans la forêt avec son chien Robot. Alors que Robot s'élance à la poursuite d'un lapin, il tombe dans un trou. Marcel, en cherchant son chien, découvre l'entrée d'une cavité. Il revient le lendemain avec trois amis, Georges Agniel, Simon Cuencas et Jacques Marsal. En pleine guerre mondiale, les quatre garçons découvrent l'un des plus célèbres joyaux de la préhistoire : la grotte de Lascaux !

La chapelle Sixtine de l'art préhistorique

Quelques jours plus tard, l'abbé Breuil, qui est préhistorien, vient visiter la grotte, et en authentifie les peintures. Dès la découverte de la grotte de Lascaux, on a parlé de « chapelle Sixtine de l'art préhistorique », en référence au chef-d'œuvre de Michel-Ange datant de la Renaissance italienne.

Le sais-tu ?

Alors qu'elle était ouverte au public, Lascaux fut définitivement fermée en 1963, en raison du développement de champignons et de mousses qui attaquaient les parois, provoqué par la mauvaise ventilation de la grotte et le CO_2 dégagé par la respiration des visiteurs.

Incroyable !

Il existe aujourd'hui quatre grottes de Lascaux : Lascaux 1, la vraie grotte ; Lascaux 2, le premier fac-similé de la grotte ouvert en 1983 ; Lascaux 3, un fac-similé partiel itinérant ; Lascaux 4, le fac-similé intégral de la grotte ouvert depuis 2016. Un fac-similé est une reproduction de l'original, parfois réalisée à une autre échelle.

Les aurochs de la grotte de Lascaux

Période ?
Il y a environ 20 000 ans

Où ?
À Montignac, en Dordogne

Quelle dimension ?
Un des aurochs mesure 5 m de long

Quelle technique ?
Peinture polychrome

À la LOUPE

Vache ou aurochs ?

Bien que les deux espèces se ressemblent beaucoup, on pense que ce sont bien des aurochs qui ornent cette paroi : l'aurochs a en effet bien des cornes en forme de lyre et il est beaucoup plus trapu qu'une vache.

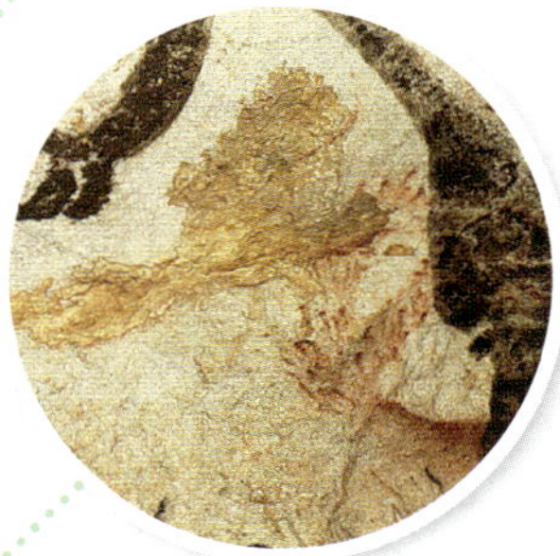

Polychromie

Si tu observes les peintures de Lascaux, tu pourras remarquer que plusieurs couleurs ont été utilisées. On parle de peintures « polychromes ». Les peintures polychromes qui ont traversé le temps sont rares. C'est aussi ce qui a fait la célébrité et la préciosité des peintures de Lascaux.

Superpositions

Entre les pattes des aurochs, tu peux distinguer d'autres animaux plus petits. Vois-tu le cheval noir qui semble jaillir du poitrail de l'aurochs ? Et cet animal aux grandes cornes rouges ? On l'appelle un mégacéros. De la famille du renne, ses bois pouvaient atteindre 3,50 m d'envergure. Cette espèce préhistorique n'existe plus aujourd'hui.

Aplats et réserves

Sur les deux aurochs qui se font face, tu peux remarquer le jeu de couleurs que l'artiste a utilisé. Certains traits, comme la tête ou la ligne de dos, sont nets et simples. Les pattes, elles, sont plus travaillées avec un dégradé de noir que l'on appelle l'estompe. Enfin, l'artiste semble avoir joué avec la couleur même de la paroi. Les têtes sont installées sur des endroits plus clairs : on appelle cette technique la réserve.

Galerie d'art

Les bisons de la grotte d'Altamira, en Espagne, sont également peints de plusieurs couleurs. Aujourd'hui, la plupart des grottes accueillant des peintures polychromes sont fermées au public. Tu peux néanmoins voir des peintures polychromes dans la grotte de Font-de-Gaume, en Dordogne.

Lumière !

Mais comment faisaient les artistes de la préhistoire pour peindre dans l'obscurité des grottes ? Dans la grotte de Lascaux, on a découvert une lampe à graisse sculptée dans du grès qui avait été déposée sur le sol. Elle servait à s'éclairer.

Au plafond

Le plafond de la grotte de Lascaux atteint parfois quatre mètres de hauteur. On a retrouvé des encoches taillées dans la paroi. On pense que celles-ci servaient à monter des échafaudages qui permettaient d'atteindre et de peindre la voûte de la grotte.

Drôle d'animal

Lorsque l'on rentre dans la grande salle de Lascaux, le premier animal que l'on aperçoit est bien mystérieux. Il ressemble à un cheval, mais deux longs traits partent de son crâne et s'élancent vers l'avant. Le préhistorien Henri Breuil l'a surnommé « la licorne », bien que ce nom désigne un animal fantastique, doté d'une seule corne !

SCOOP

ART MODERNE

LES BISONS DE LA GROTTE DE NIAUX

Il l'a dit

Ce qui m'émeut, m'anime, et va loin en moi [...] ce sont les qualités concrètes de la trace, de la forme, de la tache, des contrastes, de la vibration et de la modulation de la couleur, souvent du noir.

Pierre Soulages, peintre

Le bison des steppes

Nom scientifique : *Bison priscus*
Période : apparu il y a 1,9 million d'années, le bison des steppes, plus haut et plus massif que les bisons actuels, a disparu 9 000 ans avant notre ère.
Poids : 900 kg
Longueur : 3 m
Taille au garrot : 2 m
Régime alimentaire : herbivore

Il était une fois...

... une grotte dont l'immense porche d'entrée s'ouvrait sur les montagnes de l'Ariège. Une grotte gigantesque connue depuis la nuit des temps et visitée par tous, sans que personne ne se rende compte de l'importance des étranges représentations de bisons et de bouquetins visibles sur les parois. Ce n'est qu'en 1906 que le préhistorien abbé Breuil vient authentifier les peintures de la grotte de Niaux.

Le Salon noir

Quand on s'enfonce dans la grotte, et après 800 mètres de marche, on arrive dans le « Salon noir », considéré aujourd'hui comme l'un des géants de la préhistoire. Sur ses parois, 70 représentations d'animaux, dont la fresque des bisons.

Les bisons de la grotte de Niaux

- **Période ?**
  Environ 13 000 ans avant aujourd'hui
- **Où ?**
  À Niaux, en Ariège
- **Combien ?**
  54 bisons dans le Salon noir
- **Quelle technique ?**
  Peinture noire

Incroyable !

Pendant des générations, l'attention n'a été portée que sur les parois des grottes, sans observer où l'on mettait les pieds. Combien d'œuvres ont ainsi été détruites ? Dans la grotte de Niaux, on a retrouvé au sol des animaux réalisés dans de l'argile, conservés depuis des millénaires.

Panneau des signes

La grotte de Niaux renferme aussi un gros bloc de pierre recouvert de symboles mystérieux : des points, des traits, des formes simples. On l'appelle « le panneau des signes », indéchiffrables encore aujourd'hui.

À la LOUPE

Ligne de dos

À l'époque préhistorique, les bisons étaient plus massifs qu'aujourd'hui, et les artistes se contentaient parfois de ne dessiner que la ligne dorsale de l'animal, suffisamment emblématique. Ici en revanche, des détails de poils ont été dessinés sur le dos et sur la crinière.

Clin d'œil

Les bisons de la grotte de Niaux semblent presque « personnifiés ». Ici, on distingue un animal assez fin. Son œil est si délicatement représenté que tu peux distinguer le point lacrymal (le petit orifice d'où sortent les larmes).

Attention, peinture fraîche !

Malgré leur grand âge, les peintures de la grotte de Niaux sont d'un noir très intense : elles semblent encore brillantes et fraîches. Cela vient du fait que, dans les grottes, les parois sont toujours humides. Les peintures de la grotte de Niaux n'ont, en quelque sorte, jamais séché depuis 12 000 ans !

Suivez la flèche

Sur le flanc de ce bison, on aperçoit comme deux flèches. Les premiers préhistoriens qui ont étudié la grotte étaient certains de cette représentation. Aujourd'hui, on est plus prudent, car on ne sait pas si les flèches existaient à l'époque.

Galerie d'art

Voici un autre bison, cette fois-ci sculpté dans du bois de renne. Surnommé le « bison se léchant », il a été découvert en Dordogne, dans l'abri de la Madeleine. Cet abri a donné son nom à la période du Paléolithique appelée le Magdalénien.

Un son de cathédrale

Le plafond du Salon noir s'élève à plus de 20 mètres. Les peintures sont disposées sur des panneaux en arc de cercle tout autour de la voûte. Dans cette salle, l'acoustique est incroyable : « C'était là un lieu surnaturel, car lorsque l'on parle dans le Salon noir, on a l'impression que la grotte vous répond... », comme l'a dit le préhistorien Jean Clottes.

Un immense travail

L'abbé et préhistorien Henri Breuil a réussi, sans outil scientifique, à dresser une typologie des objets préhistoriques retrouvés en fouilles, et une chronologie précise des différentes œuvres paléolithiques, par simple comparaison de style. Aujourd'hui, il est surnommé « le pape de la préhistoire ».

SCOOP

GRAFFITI

LA MAIN À LA NICHE DE LA GROTTE DE GARGAS

Elle l'a dit

> **Je suis heureuse de faire partie du règne animal.**
>
> Jane Goodall, éthologue

L'humain

Nom scientifique : *Homo sapiens*
Période : arrivé en Europe depuis 40 000 ans
Poids : 70 kg en moyenne
Taille : 1,65 m en moyenne
Régime alimentaire : omnivore

Il était une fois...

... la grotte de Gargas, une grotte pyrénéenne visitée depuis le Moyen Âge. Les guides du XIXe siècle racontaient qu'un monstre avait vécu là, et qu'il étalait le sang de ses victimes sur les parois : à cette époque, on visitait la grotte de Gargas pour se faire peur ! Il arrivait même qu'on y allume de grands feux et que l'on y donne des bals ! En 1906, un passionné d'archéologie, Félix Regnault, y retrouve des ossements de grands animaux disparus.
Une idée lui vient alors : si les peintures sur les parois étaient aussi anciennes que ces ossements ? Une fois de plus, c'est le préhistorien abbé Breuil qui vient authentifier les peintures et attester qu'elles datent du Paléolithique !

Un émouvant témoignage

Aujourd'hui, on appelle parfois la grotte de Gargas « le sanctuaire des mains », car elle renferme plus de 250 empreintes, réalisées par des hommes, des femmes et des enfants qui vivaient là il y a près de 25 000 ans.

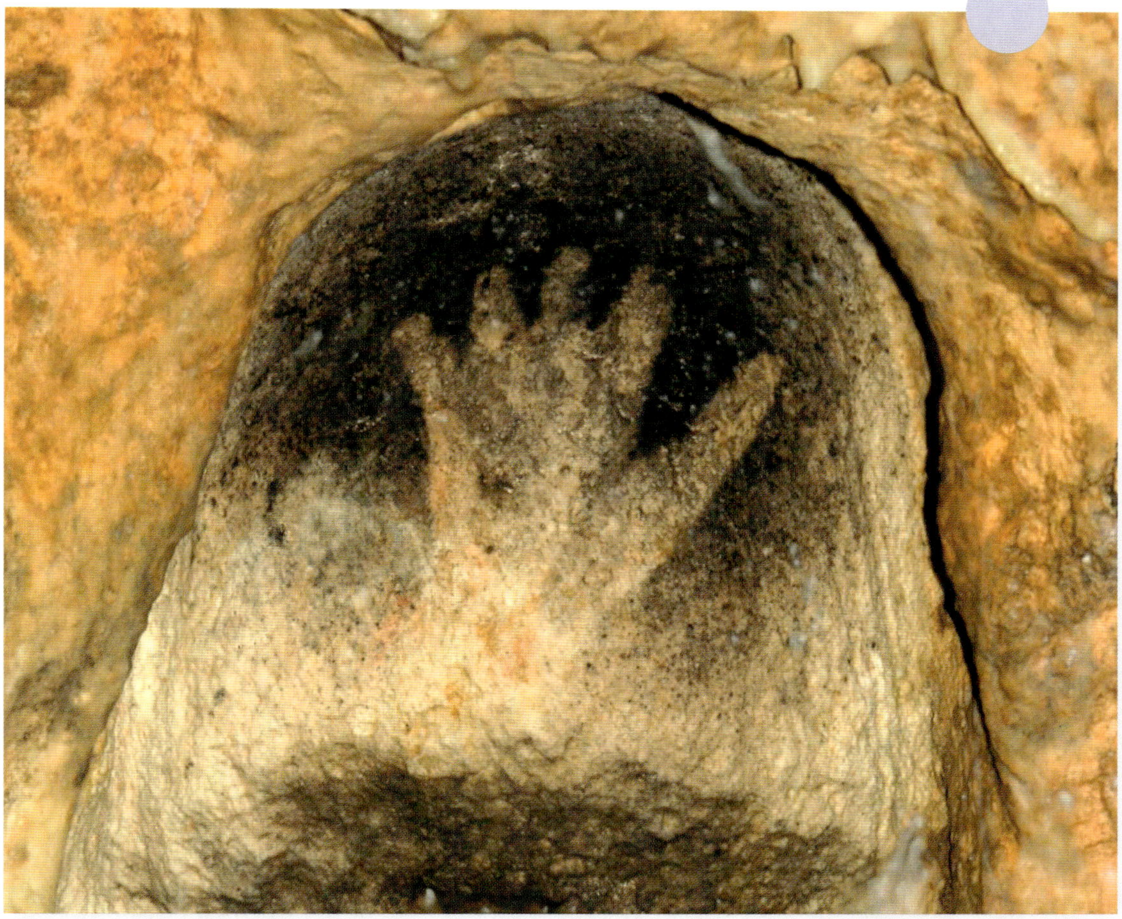

La main à la niche de la grotte de Gargas

Période ?
Il y a environ 25 000 ans avant aujourd'hui

Où ?
À Aventignan, dans les Hautes-Pyrénées

Quelle dimension ?
La taille d'une main humaine, placée à environ 1,50 m de hauteur

Quelle technique ?
Peinture noire au pochoir

Calcul...

Le temps qui nous sépare des humains qui ont laissé leurs empreintes à Gargas serait de 1 000 générations. On compte 800 générations pour la grotte de Lascaux, et 500 pour la grotte de Niaux.

Incroyable !

À Gargas, on a retrouvé l'empreinte de main d'un nourrisson de quelques semaines. On voit même la trace du poignet de l'adulte qui a maintenu la main du bébé contre la paroi le temps de réaliser la peinture.

À la LOUPE

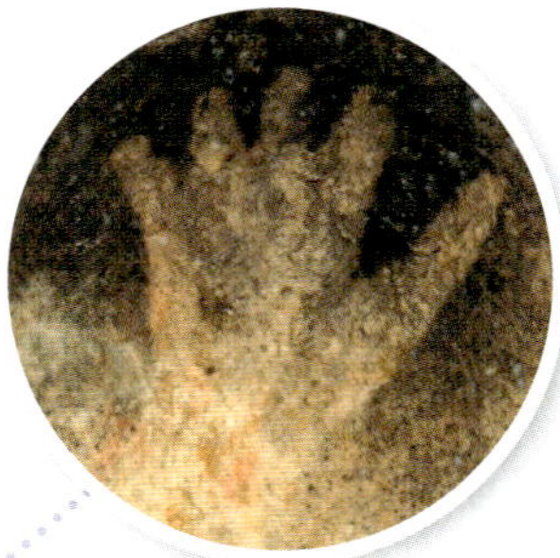

Des phalanges manquantes

Hormis le pouce à droite, les autres doigts paraissent très courts. À Gargas, la plupart des mains représentées ont des phalanges manquantes. Aujourd'hui encore, on ne sait pas l'expliquer. Certains préhistoriens pensent que les humains préhistoriques se seraient volontairement coupé des phalanges pour des raisons rituelles. D'autres pensent qu'il s'agirait de la représentation d'un code de chasse. D'autres encore ont parlé de signature, de marqueurs de tribu.

La niche

La main a été représentée dans une petite alcôve de la pierre. C'est pourquoi on l'a appelée « la main à la niche ». Cette alcôve a permis à la peinture d'être bien protégée des ruissellements et des frottements.

Main négative

L'empreinte de cette main est « négative » : l'artiste a posé sa main sur la paroi et peint autour. C'est le contraire d'une empreinte « positive », où l'artiste aurait trempé sa main dans de la peinture, puis l'aurait posée sur le mur. Pour la période paléolithique, l'essentiel des peintures de mains que l'on a retrouvées sont des mains négatives.

Technique du pochoir

La peinture autour de la main a été répartie de manière diffuse : on ne voit pas de traces de pinceaux. Pour étaler la couleur, les artistes de la préhistoire utilisaient certainement un aérographe, un pulvérisateur de peinture fabriqué à partir d'un os troué, par exemple.

Galerie d'art

Les représentations humaines sont très rares dans l'art préhistorique. L'une des plus célèbres est celle du puits de la grotte de Lascaux. Elle semble représenter un humain chargé par un bison.

L'« invention » de la préhistoire

Aujourd'hui, les datations des œuvres se font au moyen de méthodes scientifiques très fiables. Cela n'a pas toujours été le cas ! L'étude de la préhistoire est une discipline jeune, apparue au XIXe siècle, à une époque où le poids de la religion ne permettait pas d'imaginer que des humains avaient pu exister avant Adam et Ève. De plus, les techniques de datation n'étaient pas assez puissantes pour apporter des preuves contradictoires solides. Les premiers préhistoriens qui ont « cru » en une humanité ancienne étaient donc des pionniers.

Pigments

Dans la grotte de Gargas, une main a été réalisée en blanc : c'est la seule peinture de cette couleur connue à ce jour pour la période préhistorique en Europe.

SCOOP

MEA CULPA D'UN SCEPTIQUE

LE BOUQUETIN DE L'ABRI DU ROC-AUX-SORCIERS

Elle l'a dit

Penser au hasard qui fait que nous ne sommes pas contemporains de gens que nous aurions aimé connaître.

Françoise Héritier, anthropologue

Le bouquetin

Nom scientifique : *Capra ibex*
Période : apparu il y a environ 100 000 ans dans toute l'Europe centrale.
Poids : 70 kg
Longueur : 130 cm
Taille au garrot : 80 cm
Régime alimentaire : herbivore

Il était une fois...

... dans les années 1950, une archéologue nommée Suzanne de Saint-Mathurin, qui se passionne pour l'art préhistorique. Non loin de l'abri du Roc-aux-Sorciers, on vient de découvrir des gravures préhistoriques dans la grotte de la Marche. Suzanne pressent alors le potentiel du site de l'abri du Roc-aux-Sorciers, dont elle décide d'acheter le terrain. Avec son amie Dorothy Garrod, rencontrée à l'université, elle fouille le site durant une vingtaine d'années. Elle devient ainsi l'une des premières femmes archéologues à étudier un site français.

Un site à ciel ouvert

L'abri du Roc-aux-Sorciers est l'un des rares sites de plein air (habituellement fragilisés par les intempéries) qui s'est conservé. Et les humains préhistoriques qui y vivaient étaient donc accompagnés par ces œuvres au quotidien. Ce qui n'était pas le cas pour les peintures réalisées dans les profondeurs des grottes, dans lesquelles les êtres humains ne vivaient pas (tout au mieux à l'entrée de la grotte).

Le bouquetin de l'abri du Roc-aux-Sorciers

- **Période ?**
  Environ 15 000 ans avant aujourd'hui
- **Où ?**
  À 1,5 km d'Angles-sur-l'Anglin, dans la Vienne
- **Quelle dimension ?**
  Frise de 20 m de long
- **Quelle technique ?**
  Sculpture en bas-relief

Incroyable !

Les artistes de la préhistoire réalisaient leur sculpture avec les mêmes outils que les sculpteurs actuels : burin, poinçons, maillet…

Le sais-tu ?

En général, les sites préhistoriques se situent à proximité de cours d'eau. Rien d'étonnant : les humains vivaient toujours non loin d'une source d'eau. Le site de l'abri du Roc-aux-Sorciers se trouve juste à côté d'une petite rivière : l'Anglin.

À la LOUPE

Cornes ?

Regarde bien cet animal. Les sabots, la forme du corps et de la tête évoquent bien un bouquetin. Pourtant, les cornes sont particulièrement courtes. Pourquoi ? Tout simplement parce que c'est une femelle ! Les femelles bouquetins ont en effet des cornes beaucoup plus petites que celles des mâles. On appelle la femelle du bouquetin l'étagne.

Étagne et cabri

Entre les pattes avant de l'étagne, tu peux distinguer un animal de plus petite taille. Les archéologues pensent que cet animal pourrait être le petit de l'étagne. Le petit du bouquetin et de l'étagne s'appelle le cabri.

Une femme cachée

Si tu regardes bien juste en dessous de la représentation du cabri, tu peux distinguer deux jambes. Ce sont des jambes de femme. On trouve plusieurs représentations de femmes dans l'abri du Roc-aux-Sorciers.

Différences de relief

En sculpture, on différencie les œuvres selon leur degré de volume. Une sculpture en « ronde-bosse » n'est attachée à aucun support : ce sont les statues. À l'inverse, le « bas-relief » est attaché à son support et est sculpté en léger volume, il est peu en relief. Le « haut-relief » est aussi attaché à son support, mais il est très en relief, très travaillé. Les sculptures de l'abri du Roc-aux-Sorciers sont des bas-reliefs.

Le sais-tu ?

On a retrouvé plusieurs anneaux sculptés dans la roche de l'abri du Roc-aux-Sorciers. On pense qu'ils servaient à accrocher des objets du quotidien, ou à tendre des peaux pour délimiter des zones d'occupation.

Galerie d'art

L'abri de Cap Blanc, en Dordogne, est un autre bel exemple d'abri de plein air. Fait très rare, on y a retrouvé une sépulture : une tombe décorée d'ocre rouge renfermant une jeune femme avec une coiffe de coquillages.

Incroyable !

Les sculptures de l'abri du Roc-aux-Sorciers portent des traces de pigments colorés : ocre jaune, rouge, mélange de brun, rouge et noir. Ces restes de couleurs nous rappellent que ces sculptures étaient peintes à l'origine.

Préhistorien, préhistorienne...

Les premiers archéologues n'étaient que des hommes, car, à l'époque, les femmes n'avaient pas accès aux études scientifiques. Les premières connaissances ont donc été établies dans un univers masculin, contribuant à faire naître des clichés difficiles à déconstruire, comme celui de l'homme préhistorique rustre qui partait chasser seul pendant que sa femme restait cuisiner. On sait aujourd'hui que les hommes et les femmes de la préhistoire évoluaient dans des sociétés élaborées. Et rien ne nous permet de savoir qui chassait, peignait ou taillait les silex. Et de nos jours, il existe autant de préhistoriens que de préhistoriennes !

SCOOP

LA PREMIÈRE FEMME PRÉHISTORIENNE

LE MAMMOUTH DU GRAND PLAFOND DE ROUFFIGNAC

Il l'a dit

> Les espèces qui survivent ne sont pas les espèces les plus fortes, ni les plus intelligentes, mais celles qui s'adaptent le mieux aux changements.
>
> Charles Darwin, naturaliste et paléonthologue

Le mammouth

Nom scientifique : *Mammuthus primigenius*
Période : apparue il y a 10 000 ans, l'espèce s'est éteinte il y a 5 000 ans environ.
Poids : 5 t
Longueur : 4,5 m
Taille au garrot : 3 m
Régime alimentaire : herbivore

Il était une fois...

... une grotte profonde constituée d'un dédale de galeries, au cœur du Périgord noir. Cette grotte n'a cessé d'être visitée au cours des siècles. Ainsi, lorsque des spéléologues redécouvrent ses peintures en 1948, certains scientifiques pensent qu'elles ont été réalisées par des farceurs voulant faire croire à une grotte préhistorique. Il faudra attendre 1956 pour que le préhistorien abbé Breuil prouve l'ancienneté des peintures.

La grotte aux 100 mammouths

La grotte de Rouffignac est célèbre pour ses représentations de mammouths, d'où son surnom de « grotte aux 100 mammouths ». On en a dénombré environ 160. La grotte renferme aussi des dessins de bouquetins, de rhinocéros laineux, de bisons, de chevaux, ainsi que de nombreux tracés digitaux réalisés dans l'argile molle qui recouvrait les parois. En tout, le site abrite plus de 250 dessins et gravures datant du Paléolithique.

Le mammouth du Grand Plafond de la grotte de Rouffignac

Période ?
Environ 13 000 ans avant aujourd'hui

Où ?
À Rouffignac, en Dordogne

Quelle dimension ?
Dessin de 80 cm environ, au plafond, à 700 m de l'entrée

Quelle technique ?
Peinture noire

Un magnifique aïeul

La grotte de Rouffignac se déploie sur environ huit kilomètres de galeries. Parmi les différentes salles, on trouve celle du « Grand Plafond », sur les parois de laquelle s'entremêlent 65 animaux, dont le Grand-Père, l'un des mammouths les plus complets du site.

Une vraie prouesse

À côté du Grand-Père, on trouve un cheval aussi grand que nature : les relevés et les photos d'aujourd'hui nous présentent un animal vibrant de réalisme, alors que l'artiste n'avait pas le recul nécessaire, ni l'éclairage suffisant pour le voir en son entier.

À la LOUPE

Défenses

Observe les défenses du mammouth. Elles paraissent démesurément longues ! Mais sais-tu que les défenses des mammouths grandissaient tout au long de leur vie ? L'artiste a très probablement voulu représenter ici un très vieux mammouth.

Chignon

Regarde bien la ligne qui relie la tête du mammouth à son dos. On l'appelle la ligne cervico-dorsale. Les dessins de mammouth à la préhistoire pourraient se résumer à cette ligne de tête reconnaissable entre toutes. La bosse proéminente sur le crâne des mammouths est appelée le chignon.

Pelage

Tu peux apercevoir de longs poils sur le corps, les pattes et sous la trompe du mammouth. Ce dernier était un animal de la période dite « glaciaire ». Ses poils pouvaient atteindre jusqu'à un mètre de long !

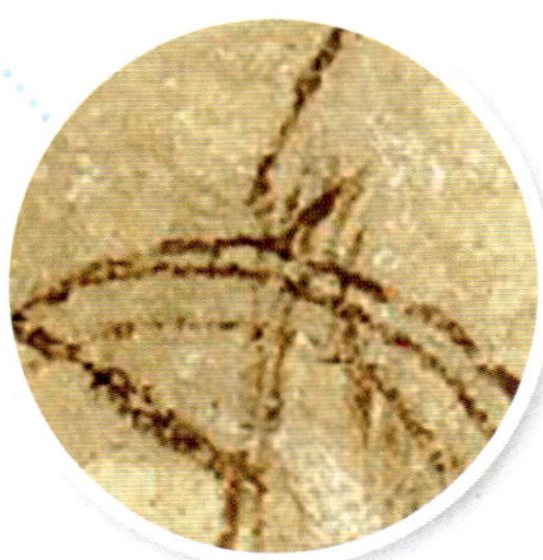

Pour ne pas prendre froid !

Dans la grotte de Rouffignac, plusieurs mammouths sont dessinés avec un repli de peau à la base de la queue. Grâce à la découverte de fossiles de mammouths, on a compris qu'il correspondait à une spécificité anatomique. En effet, le mammouth possédait un opercule anal, un repli de peau qui protégeait cette zone, et qui s'ouvrait lorsque l'animal faisait ses besoins.

Une taupe de terre

En langue sibérienne, le mot « mammouth » signifie « taupe de terre ». En effet, jusqu'au XIXᵉ siècle, lorsque les Sibériens retrouvaient des ossements de mammouths, ils pensaient que ceux-ci appartenaient à un animal vivant sous terre, la taupe donc !

Tchou, tchou !

Pour limiter le CO_2 dégagé par les visiteurs, mauvais pour les peintures, et aussi parce que la grotte est très vaste, une ligne de chemin de fer a été installée dans la grotte : on visite ainsi Rouffignac à bord d'un petit train !

Le Patriarche de Rouffignac

Les humains de la préhistoire ont réalisé bien plus de gravures que de peintures, mais elles sont moins connues, car plus difficiles à observer. Dans la grotte de Rouffignac, il y a une gravure de mammouth, qui a été nommée « Le Patriarche », qui ne peut s'observer qu'avec un éclairage rasant.

Datation

Depuis les années 1960, la méthode au carbone 14 permet de dater précisément les vestiges du passé. Ainsi, il est aujourd'hui possible de prouver qu'une œuvre date bien de la préhistoire en prélevant un minuscule morceau de pigment.

SCOOP

MAMMOUTH CONGELÉ

LES CHEVAUX PONCTUÉS DE LA GROTTE DE PECH MERLE

Elle l'a dit

Plutôt que de demander « Qu'est-ce que cela signifiait ? », je préfère demander « Pourquoi cela avait-il un sens, et pour qui ? ».

Margaret Conkey, archéologue

Le cheval

Nom scientifique : *Equus caballus*
Période : apparu il y a 300 000 ans
Poids : 300 kg
Longueur : 2,40 m
Taille au garrot : 1,70 m
Régime alimentaire : herbivore

Il était une fois...

... en 1922, trois enfants, poussés par leur instituteur à étudier la géologie de leur village, qui découvrent l'entrée d'une grotte. S'apercevant qu'elle est profonde et très vaste, ils avertissent le curé du village. Au début, les enfants ne trouvent rien dans la grotte, et le curé, manquant de se perdre dans les galeries faute d'éclairage, interdit aux enfants d'y retourner. Heureusement, les trois enfants n'ont pas obéi...

La grotte de Pech Merle

On a retrouvé dans la grotte de Pech Merle plus de 700 figures pariétales : des animaux, des signes, des figures humaines, des empreintes de mains et des tracés digitaux... Les œuvres les plus anciennes datent de 29 000 ans avant le présent. Les plus récentes datent de 14 000 ans. Ainsi, on peut dire que cette grotte a été fréquentée par les humains de la préhistoire sur une période longue de 15 000 ans !

Les chevaux ponctués de la grotte de Pech Merle

Période ?
25 000 ans avant le présent

Où ?
À Cabrerets, dans le Lot

Quelle dimension ?
Un cheval long de près de 4 m sur une paroi ornée de 20 m de long

Quelle technique ?
Peinture noire

Le sais-tu ?

Les chevaux représentés dans la grotte de Pech Merle ressemblent beaucoup aux chevaux actuels. Mais ce sont des chevaux sauvages, car, à l'époque, tous les animaux étaient sauvages.

À la trace

Dans la grotte de Pech Merle, on a retrouvé des traces d'empreintes de pieds nus, douze au total, d'enfants et d'adultes. Ces traces de pas ont plus de 15 000 ans.

À la LOUPE

Le jeu des différences

Regarde bien les deux chevaux de Pech Merle. L'un est tourné vers la droite ; l'autre vers la gauche. Pourtant, ils semblent avoir la même silhouette. Ils se ressemblent tellement que certains préhistoriens ont émis l'hypothèse qu'ils pourraient avoir été réalisés à partir de la projection en ombre chinoise d'un seul objet sur le mur (un cheval modelé dans de l'argile, par exemple) dans deux sens différents.

Des points

On dit que ces chevaux sont « ponctués », en raison des nombreux points représentés sur leur corps. Pour réaliser ces points, on pense que l'artiste a utilisé soit un tampon fabriqué avec des végétaux ou du cuir, soit avec du pigment mis dans sa bouche et recraché en gouttelettes de peinture.

Give me five !

Si tu regardes au-dessus des chevaux, tu peux apercevoir deux empreintes de mains négatives. On pense qu'elles ont été réalisées à l'aide de la même technique que celle qui a servi à effectuer les points sur les chevaux.

Utiliser l'existant

Sur le cheval de droite, la forme peinte en noir semble évoquer une crinière. Mais la forme blanche qui rappelle la tête du cheval, elle, n'est pas peinte : c'est la forme de la paroi elle-même ! Il semble que l'artiste a gardé une réserve (une zone non peinte) pour figurer la tête de l'animal. Cette technique consistant à utiliser la forme de la paroi pour représenter un animal est très courante dans les grottes ornées.

Le cheval, la vedette

Plus de 60 % des animaux représentés dans les grottes sont des chevaux. On sait que ces derniers n'étaient pas spécialement chassés à la préhistoire. Les populations de l'époque préféraient de loin s'attaquer à du petit gibier. Certains préhistoriens parlent « d'animaux bons à manger », et « d'animaux bons à penser ». Le cheval ferait donc partie de la seconde catégorie.

Le rôle important des enfants

En lisant ce livre, tu t'es peut-être fait cette remarque : beaucoup de grottes ont été découvertes par des enfants. C'est vrai ! Il y a la plus célèbre, la grotte de Lascaux, mais aussi la grotte de Pech Merle. Il existe d'autres exemples, comme celui des peintures de la grotte d'Altamira, en Espagne, découvertes grâce à une enfant de 8 ans, ainsi que celui de la grotte de La Vache, en Ariège, trouvée grâce à la fille de l'archéologue qui travaillait non loin. Les enfants révèlent parfois de grands trésors lorsqu'ils s'ennuient ou qu'ils désobéissent !

Le sais-tu ?

Les dessins de la préhistoire sont très codifiés : les artistes ont toujours représenté des animaux de profil, sans aucun paysage. On ne voit pas de ligne de sol : on parle « d'animaux flottants ». L'art préhistorique n'offre aucune représentation ni de végétaux ni d'astres comme le Soleil ou la Lune...

SCOOP

RETROUVER LE GESTE

LE PINGOUIN DE LA GROTTE COSQUER

Il l'a dit

Plus j'étudie les animaux, plus j'étudie la nature, plus je comprends les êtres humains et même les civilisations adaptées à la nature.

Boris Cyrulnik, auteur

Le grand pingouin

Nom scientifique : *Pinguinus impennis*
Période : le dernier grand pingouin a disparu au XIXe siècle, victime de la chasse intensive humaine.
Poids : 5 kg
Taille : 80 cm
Régime alimentaire : le grand pingouin se nourrit essentiellement de poissons.

Il était une fois…

… à quelques kilomètres de Marseille, le port de Morgiou, qui se trouve en plein parc naturel des Calanques. C'est là que, en 1991, le plongeur Henri Cosquer découvre l'entrée d'une grotte. « Là » ou plus exactement « un peu plus bas ». Car Henri Cosquer a dû parcourir un tunnel sous-marin de 175 mètres avant de déboucher sur une grande salle, au sec, dans le ventre des calanques… renfermant dans l'obscurité des peintures vieilles de 29 000 ans : des mains, des tracés digitaux ainsi que des peintures d'animaux (datant de 20 000 ans environ).

Une grotte inaccessible ?

Mais comment les artistes de la préhistoire ont-ils pu atteindre cette grotte accessible uniquement en plongée ? Tout simplement parce que, à l'époque, le niveau de la mer était plus bas : on accédait à la grotte Cosquer à pied sec. Il y a 10 000 ans, le climat a commencé à se réchauffer, provoquant la fonte des glaces et la remontée du niveau des mers.

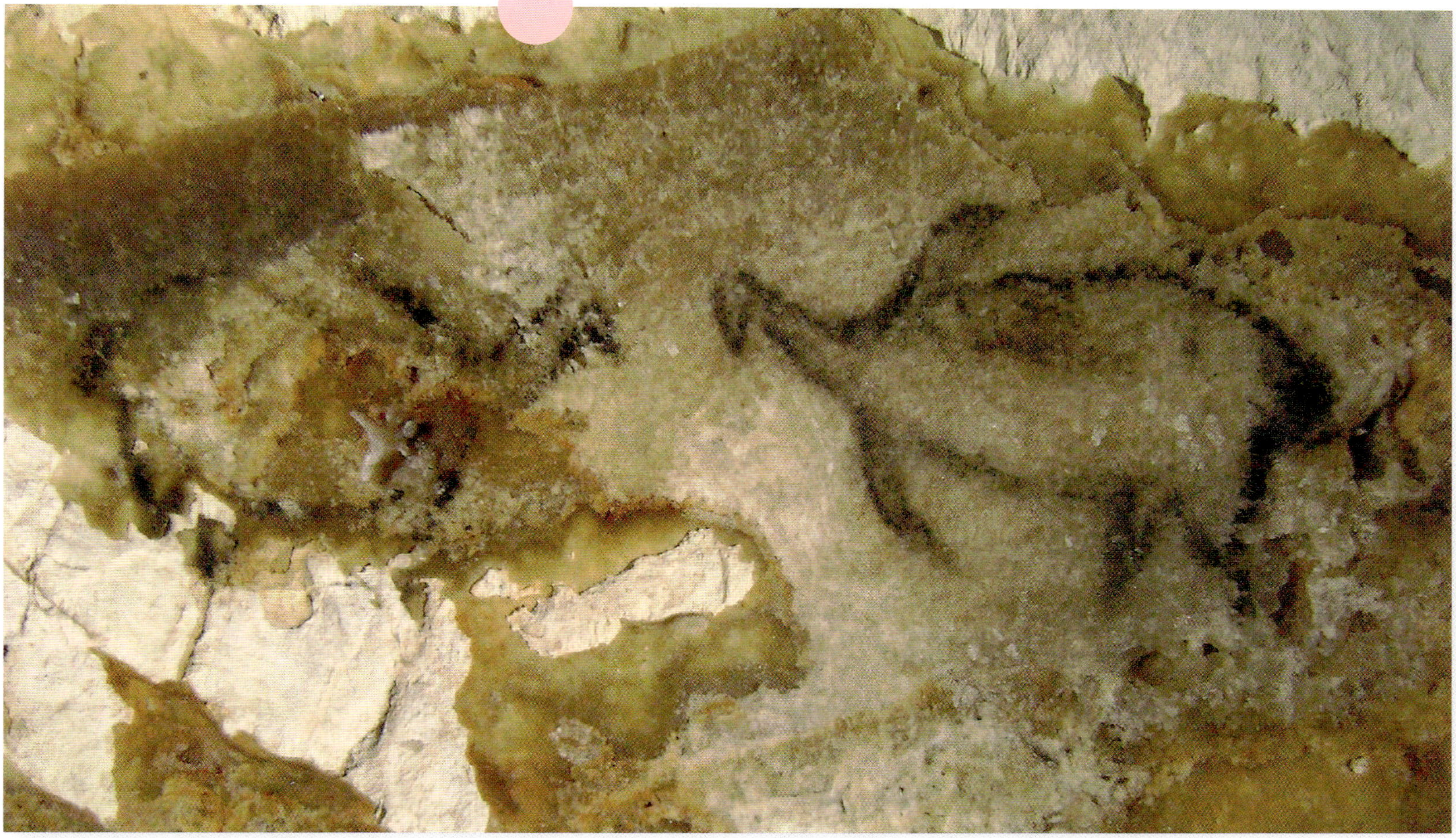

Incroyable !

Quels sont ces animaux gravés dans la grotte Cosquer ? Un corps solide et allongé, surmonté d'une tête forte, un museau lisse, de grandes moustaches, deux grandes nageoires et une queue de sirène... Oui, ce sont bien des phoques !

Un trésor aquatique

En plus des phoques, la grotte renferme aussi des représentations de pingouins, de méduses, de poissons et de cétacés. Le bestiaire de Cosquer est vraiment très surprenant !

Le pingouin de la grotte Cosquer

Période ?
Environ 20 000 ans avant le présent

Où ?
Dans les Calanques, près de Marseille

Quelle dimension ?
Environ 30 cm de longueur

Quelle technique ?
Dessin au charbon

À la LOUPE

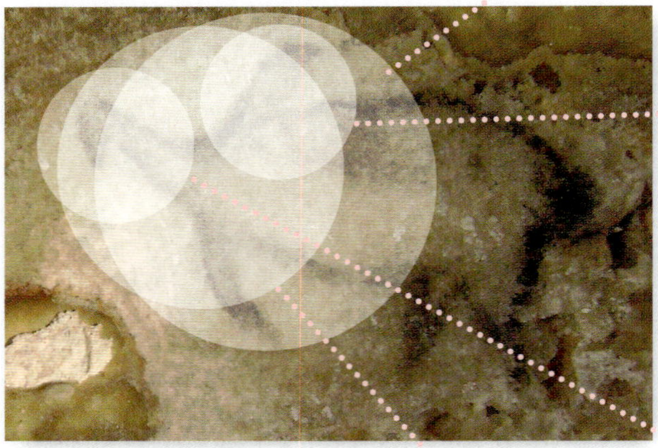

Quel est cet oiseau ?

Un corps rebondi, une petite tête, deux pattes musclées, une queue courte et arrondie, un bec, deux petites ailes. La silhouette simple de cet oiseau ne laisse pourtant aucun doute : tu reconnais le pingouin !

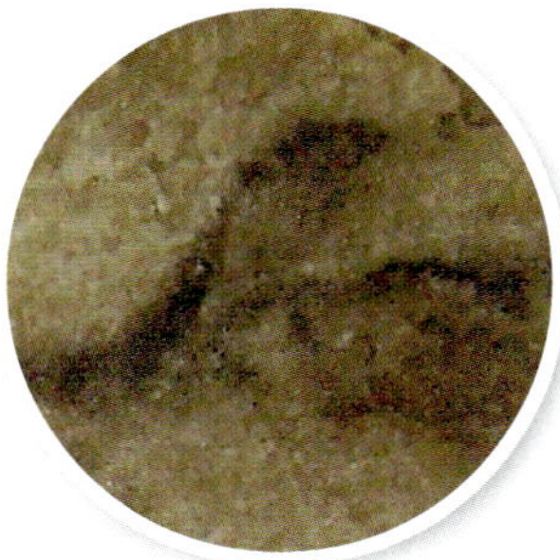

Un oiseau qui reste au sol

As-tu remarqué la taille des ailes sur le dessin ? Elles sont très courtes. Le grand pingouin était d'ailleurs incapable de voler (contrairement aux pingouins actuels), ce qui en faisait une proie très facile pour les humains, si facile qu'il a complètement disparu dans les années 1850.

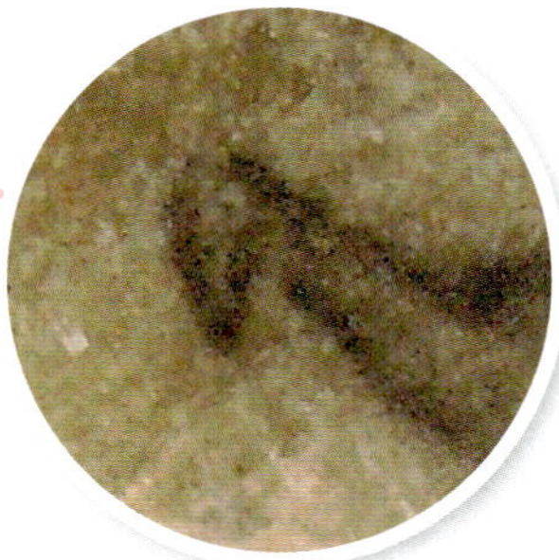

Contour noir

Sur ce dessin, on ne voit que le contour du pingouin. Il n'y a pas de détails à l'intérieur du corps. Pas de plumes, pas d'œil. Pas d'aplat de couleur. On pense que l'artiste a simplement réalisé ce dessin avec un trait de charbon de bois. Des morceaux de charbon retrouvés au sol ont permis de dater l'œuvre.

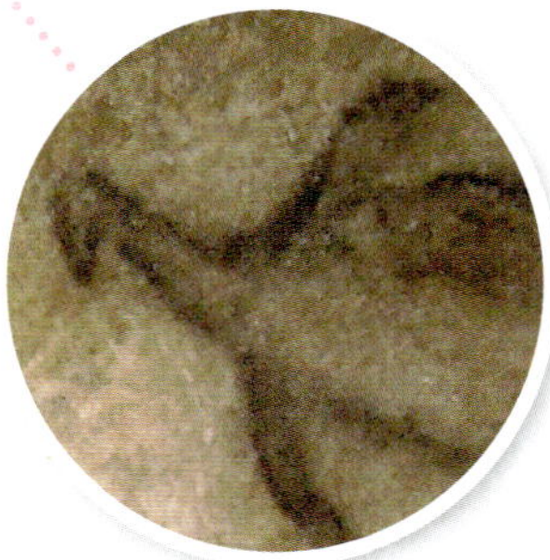

Unique

Si l'on a des dizaines de représentations de mammouths, de chevaux ou de bisons, les pingouins de la grotte Cosquer sont uniques. Ce sont les seules représentations connues pour la période paléolithique.

Galerie d'art

Les oiseaux sont rarement représentés dans les grottes préhistoriques. À Chauvet, on a néanmoins retrouvé un hibou. Pour le réaliser, l'artiste a simplement tracé avec ses doigts les ailes et la tête dans l'argile fraîche de la paroi.

Température ambiante

Les grottes sont des lieux où l'on enregistre très peu de variations de température. Dans une grotte, il fait continuellement aux alentours de 12°, jamais trop froid ni trop chaud. Cela explique en partie pourquoi les dessins s'y sont si bien conservés.

Le sais-tu ?

À Marseille, on peut visiter un fac-similé de la grotte Cosquer. Comme dans la vraie grotte, le fac-similé est installé sous le niveau de la mer.

Incroyable !

Depuis sa création, la terre a connu de nombreuses variations climatiques. Du temps des humains préhistoriques, il faisait par période beaucoup plus froid qu'aujourd'hui. C'est pourquoi on trouvait en France des pingouins, des phoques, des rennes, des mammouths. Et c'est pourquoi on retrouve aussi ces animaux dans les peintures : les artistes n'ont fait que représenter les animaux familiers de leur environnement.

SCOOP

BALADE EN DOUCE

LA DAME DE BRASSEMPOUY

Elle l'a dit

L'homme préhistorique est aussi une femme.

Marylène Patou-Mathis, préhistorienne

La femme

Nom scientifique : *Homo sapiens*
Période : arrivé en Europe depuis 40 000 ans
Poids : 65 kg en moyenne
Taille : 1,65 m en moyenne
Régime alimentaire : omnivore

Il était une fois...

... l'archéologue Édouard Piette qui, en 1894, effectuait une fouille sur le site de Brassempouy, dans les Landes. Il y retrouva des fragments d'ivoire de mammouth et, au milieu de ces fragments, le visage sculpté d'une dame...

Une grande première

À ce jour, la sculpture de la *Dame de Brassempouy* est la plus ancienne représentation humaine connue. Son visage fin et sa coiffure nous font penser à une jeune femme. Mais on pourrait tout aussi bien imaginer un jeune garçon. La *Dame de Brassempouy* a été sculptée dans de l'ivoire de mammouth, un matériau rare, précieux et qui était très difficile à tailler.

Le sais-tu ?

On a retrouvé plus de 250 statuettes féminines préhistoriques dans toute l'Europe. La plupart datent de la période gravettienne, c'est-à-dire entre 31 000 et 23 000 ans avant aujourd'hui.

Incroyable !

Les objets taillés dans de l'ivoire de mammouth se sont particulièrement bien conservés, en raison de la dureté de ce matériau. Utiliser un reste d'un animal géant pour sculpter une statuette n'était pas anodin : les objets taillés dans ce type de matériau portaient peut-être une forte charge symbolique.

La Dame de Brassempouy

Quelle période ?
Il y a 23 000 ans avant aujourd'hui

Où ?
À Brassempouy, dans les Landes

Quelle dimension ?
3 cm

Quelle technique ?
Sculptée dans de l'ivoire de mammouth

À la LOUPE

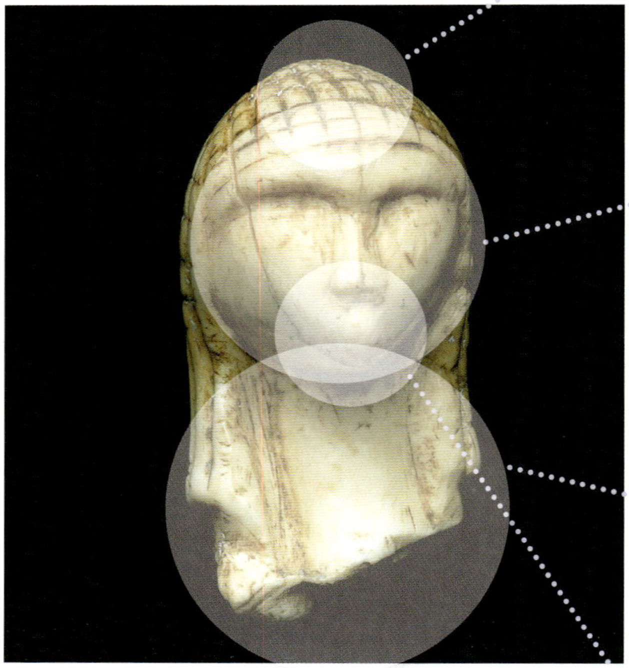

Cheveux ou tissu ?

Regarde bien la coiffure de la dame. Que vois-tu ? Pour certains scientifiques, ce sont des cheveux tressés ; pour d'autres, une étoffe de tissu posée sur la tête. C'est pour cela que la statuette est parfois appelée la « Dame à la capuche ».

Toute petite taille

L'artiste qui a réalisé cette statuette devait être très habile de ses mains. Les arcades sourcilières sont nettes, l'arête du nez bien figurée, les pommettes saillantes, le menton fin… alors que cet objet mesure à peine trois centimètres de hauteur, plus petit qu'un capuchon de feutre !

Cassure

En bas de la statue, on observe une cassure au niveau de son cou. Est-ce que la statue était entière ? Comment était son corps ? Était-ce un objet utilitaire ? Son éventuel corps n'a en tout cas jamais été retrouvé.

Sourire

Si les yeux et le nez de la Dame sont précisément représentés, sa bouche, elle, est inexistante, ce qui lui donne un air énigmatique. Pour cela, elle est parfois comparée à *La Joconde* de Léonard de Vinci. Le préhistorien Florian Berrouet a dit d'elle : « C'est la Mona Lisa du Paléolithique. Car, à la manière de l'énigmatique Joconde, l'intrigante demoiselle de Brassempouy paraît sourire. »

Galerie d'art

La Vénus de Lespugue est une statuette en ivoire de mammouth découverte dans les Pyrénées, dans le village de Lespugue. Ses formes très modernes l'ont rendue célèbre. Elle fut exposée au musée d'Art Contemporain du Centre Pompidou en 2019.

Langage courant

L'« homme de Cro-Magnon » est aujourd'hui une expression du langage courant qui désigne un homme rustre, pas très fin. Mais à l'origine, c'était un nom scientifique, qui était l'autre nom des humains de l'espèce *Homo sapiens*... autrement dit, nous ! Les hommes et les femmes de Cro-Magnon avaient les mêmes capacités cérébrales que les humains d'aujourd'hui, ils nous ressemblaient physiquement, et avaient tout autant de qualités d'empathie et de raffinement ! Ce nom est né de la découverte du premier squelette humain en 1868 en Dordogne, dans l'abri dit de... Cro-Magnon.

Vous avez dit « Vénus » ?

À l'origine, ce mot était utilisé par les hommes pour se moquer des femmes rondes. C'est donc « logiquement » que l'on a ainsi baptisé les statuettes féminines préhistoriques (qui étaient souvent des femmes aux fesses amples et à la poitrine importante). Aujourd'hui, on utilise le mot « dame », beaucoup plus respectueux.

SCOOP LA PRÉHISTOIRE, UNE HISTOIRE QUI DÉRANGE

CRÉDITS ICONOGRAPHIQUES

Couverture
la Frise des aurochs dans la Rotonde, grotte de Lascaux (Dordogne), ph. C. Roux ©Archives Larbor ;
Lionnes en chasse, grotte Chauvet , Pont d'Arc à Vallon (Ardèche), Ph. Jean Clottes/Direction des affaires culturelles de Rhône-Alpes ;
Main à la niche ©CC Neste Barousse photo R. Springinsfeld ;
La dame de Brassempouy ou la Dame à la capuche, Musée des Antiquités nationales, Saint-Germain-en-Laye ©Archives Nathan.

Intérieur
p.7 et 8 : Lionnes en chasse, grotte Chauvet , Pont d'Arc à Vallon (Ardèche), Ph. Jean Clottes/Direction des affaires culturelles de Rhône-Alpes.
p.9 : Grotte Chauvet 2 vue du ciel®NEOS-Films ; L'Homme-lion de la grotte de Hohlenstein-Stadel (Bade-Wurtemberg) ©Dagmar Hollmann/Wikimedia Commons.
p.13 : Renne, dessin ©Paul Bontemps-Archives Larousse.
p.15-16 : La Frise des aurochs dans la Rotonde, grotte de Lascaux (Dordogne), ph. C. Roux ©Archives Larbor.
p.17 : Bison rouge de la grotte d'Altamira ©Shutterstock.
p.19 et 20 : Salle des bisons de Niaux ©Jean-François Peiré, Ministère de la Culture.
p.21 : Bison se léchant, bois de cerf gravé, gravure provenant de la grotte de la Madeleine (Dordogne), Musée du Périgord, Périgueux, ph. H. de Montferrand ©Archives Larbor.
p.23 et 24 : Main à la niche ©CC Neste Barousse photo R. Springinsfeld.
p.33 : Mammouths dans un paysage de l'Ère quaternaire, Scène peinte imaginée par le peintre paléontologue Zdenek-Burian, Museum d'Histoire naturelle, Paris, ph. Jean-Loup Charmet ©Archives Larbor.
p.37 : Panneau des chevaux, grotte de Chauvet, Pont d'Arc à Vallon (Ardèche), peinture rupestre, ph. Direction régionale des affaires culturelles de Rhône-Alpes, Service régional de l'archéologie.
p.39 et 40 : ©Yves Billaud/DRASSM
p.41 : Hibou gravé, Grotte Chauvet 2 Ardèche, ph. ©Patrick Aventurier.
p.43-44 : La dame de Brassempouy ou la Dame à la capuche, Musée des Antiquités nationales, Saint-Germain-en-Laye ©Archives Nathan.
p.45 : La Vénus de Willendorf, Naturhitorisches museum, Wien, ph. Coll. Archives Larbor.

Habillage maquette
Shutterstock.com : cadres © Maaike Boot

Direction de la publication : Sophie Chanourdie
Édition : Magali Marquet
Responsable artistique : Mélissa Chalot
Graphisme : Les PAOistes
Révision rédactionnelle : Coralie Brunet
Fabrication : Rebecca Dubois

21, rue du Montparnasse – 75006 Paris
ISBN : 978-2-03-598260-5
Imprimé en France par Pollina - 49589
Dépôt légal : août 2024
334228-01/11053267 – juillet 2024

PAPIER À BASE DE FIBRES CERTIFIÉES

LAROUSSE s'engage pour l'environnement en réduisant l'empreinte carbone de ses livres. Celle de cet exemplaire est de : 700 g éq. CO_2
Rendez-vous sur www.larousse-durable.fr